RAGAZZI LESESPASS

Rittergeschichten

Von Carola von Kessel
Illustriert von Oliver Bieber

Schwager & Steinlein

Carola von Kessel arbeitete nach ihrem Volontariat bei einem Münchener Zeitschriftenverlag als Lektorin für verschiedene Buchverlage, bevor sie wieder zu schreiben begann. Sie ist als freie Autorin tätig und hat bereits zahlreiche Kinderbücher veröffentlicht. Mit ihrem Mann und ihren Pferden lebt sie auf einem kleinen Hof am Niederrhein.

Oliver Bieber lebt als Illustrator, Autor und Graphiker in Lübeck. Schon als kleiner Junge wollte er unbedingt solche Bücher zeichnen können, wie seine Mutter sie mit nach Hause brachte. In Hamburg studierte er Graphik und Design und arbeitet seitdem für viele verschiedene Verlage und Agenturen. Seine Lieblingsfigur „Wanda, das Tanzschwein" ist auch als Hörspiel erfolgreich.

Originalausgabe

Geschichten von Carola von Kessel
Illustrationen von Oliver Bieber für X-six agency
Lektorat: Eva Schweikart und Dagmar Tränkle
Layout und Gestaltung: THEMA media GmbH
Gesamtherstellung: Schwager & Steinlein Verlag GmbH
www.schwager-steinlein-verlag.de

Art. Nr. 11703-3
ISBN 3-89600-703-3

Rittergeschichten

Der rettende Ritter

„Morgen bringe ich dich zu Ritter Fridolin",
sagt Ritter Raubein zu seinem Sohn Rufus.

„Auf seiner Burg lernst du alles,
was ein Ritter können muss."

Aber Rufus sagt:
„Ich will kein Ritter werden."

Ritter müssen eine
schwere Rüstung tragen.

Bei Turnieren holen
die Ritter sich blaue Flecken.

Und im Krieg leben sie
erst recht gefährlich!

„Aber Ritter helfen den Armen und Schwachen!", ruft Ritter Raubein.

„Du wirst Ritter – und damit basta!"

Da läuft Rufus heimlich davon.

Doch er kommt nicht weit.
Eine Räuberbande nimmt ihn gefangen.

„Du kommst uns gerade recht!“,
sagt der Räuberhauptmann.
„Wir brauchen noch einen Helfer.“

Armer Rufus!

Plötzlich ertönt lautes Hufgetrappel.

Ritter Raubein sucht seinen Sohn.

Die Räuber wollen ihn vertreiben.

Aber der tapfere Ritter gibt nicht auf.

Er befreit Rufus und reitet mit ihm davon.

„Vielen Dank, Papa!“ Rufus ist sehr froh.

„Manchmal ist es doch ganz gut, Ritter zu sein, – oder?", fragt Ritter Raubein.

„Stimmt", sagt Rufus.
„Ich glaube, ich will doch Ritter werden."

Eine ganz besondere Rüstung

Ritter Schlendrian räumt nie auf.
In seiner Burg geht es drunter und drüber.

Heute sucht er seine Rüstung. Der König hat ihn zu einem Fest eingeladen

Aber ohne Rüstung kann ein
Ritter nicht zum König gehen.

Da ist die Rüstung ja!

Die Rüstung ist ganz rostig.
Ritter Schlendrian zieht sie trotzdem an.

Er galoppiert zum Schloss.
Die Rüstung quietscht und rasselt.

Im Schloss trinken alle Ritter auf den König.

Auch Ritter Schlendrian hebt den Becher.
Da quietscht und scheppert seine Rüstung.

Alle lachen ihn aus.

Plötzlich rufen die Wachen:
„Alarm! Das Schloss wird angegriffen!“

Der König und die Ritter
verschanzen sich im Turm.

Nur Ritter Schlendrian läuft los.
Er will zu Hause die Rüstung ölen!

Er galoppiert durch das Tor. Dabei macht die Rüstung fürchterlichen Krach.

Die Angreifer glauben, dass ein ganzes Heer auf sie zukommt!

„Rette sich, wer kann!", rufen sie.

Sie ergreifen die Flucht.

Ritter Schlendrian bekommt eine Kette.

„Du hast die Feinde vertrieben“,
lobt der König. „Zum Dank schenke
ich dir eine neue Rüstung.“

Aber Ritter Schlendrian schüttelt den Kopf.

„Ich behalte lieber diese. Das ist
die beste Rüstung, die ich je hatte!"

Ritter Prahlhans

„Ich bin der tapferste Ritter der Welt!",
ruft Ritter Prahlhans.

Er will das Burgfräulein Sieglinde
beeindrucken.

„Ich habe schon wilde Bestien besiegt“, sagt er. „Und viele Feinde vertrieben.“

„Vielleicht kannst du mir helfen“, sagt Sieglinde. „Ich habe im Wald meine Halskette verloren.“

„Ich hole sie für dich!"
Ritter Prahlhans macht sich auf den Weg.

Im Wald trifft er einen großen Drachen.
Er trägt die Kette des Burgfräuleins.

Der Ritter zittert vor Angst.

Aber der Drache mag das Pferd des Ritters. Und das Pferd mag den Drachen.

Der Drache ist ganz harmlos!

Ritter Prahlhans sagt zu ihm:
„Gibst du mir die Halskette? Dafür darfst du mit meinem Pferd spielen."

Der Drache ist einverstanden.

Der Ritter bringt
dem Burgfräulein die Kette.

„Ich musste mit einem gefährlichen Drachen kämpfen“, prahlt er. „Aber ich habe gesiegt.“

Da deutet Sieglinde aus dem Fenster.

„Sieh nur!“, ruft sie. „Dein Pferd hat einen neuen Freund!“

Das Pferd und der Drache spielen vor der Burg Fangen.

„Ist das der gefährliche Drache,
den du besiegt hast?“

Das Burgfräulein kichert.

Da wird Ritter Prahlhans rot.

In Zukunft erzählt er keine
Lügengeschichten mehr!

Ein seltsames Gespenst

Ritter Edelbert reitet
durch eine fremde Gegend.

Da trifft er zwei Kinder. Sie rufen:
„Edler Ritter, hast du etwas zu essen?“

Ritter Edelbert fragt:
„Warum müsst ihr betteln?"

„Wir haben den ganzen Tag Pilze gesammelt", sagt der Junge. „Aber unser Burgherr hat sie uns weggenommen."

„Hier habt ihr etwas Brot", sagt Ritter Edelbert und gibt den Kindern seine Wegzehrung.

Dann reitet er zur Burg und bittet um ein Nachtlager.

Ritter Edelbert wartet, bis alle schlafen.

Dann hüllt er sich
in ein großes Bettlaken.

Er schleicht in das Schlafgemach
des Burgherrn.

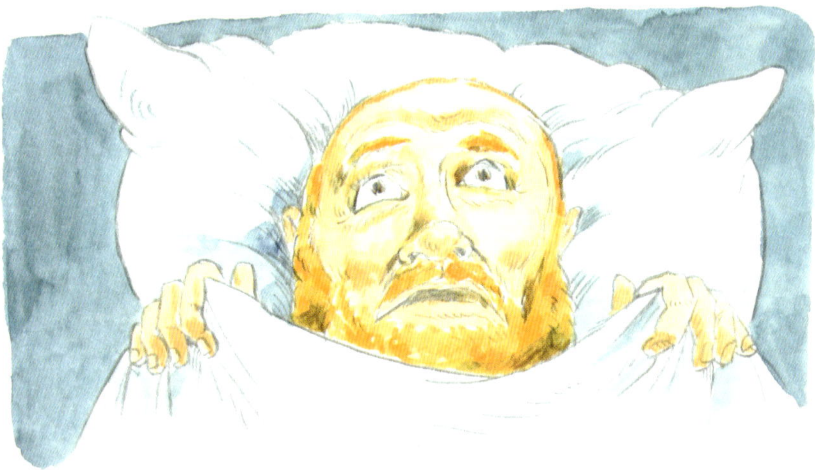

„Hilfe! Ein Gespenst!"
Der Burgherr schlottert vor Angst.

„Ich bin der Geist der Armen!“, raunt Ritter Edelbert. „Du hast heute zwei Kindern ihr Essen weggenommen.

Dieses Mal verschone ich dich noch. Aber beim nächsten Mal wird meine Rache fürchterlich sein!“

Der Burgherr verspricht:
„Ich tue nie wieder etwas Unrechtes!“

Ritter Edelbert schleicht zufrieden
in sein Zimmer zurück.

„Na also", murmelt er.

„Manchmal kommt man als Ritter
mit Köpfchen weiter als mit dem Schwert."

RAGAZZI LESESPASS

1. Stufe (ab etwa 6 Jahren)

ISBN 3-89600-723-8

ISBN 3-89600-701-7

ISBN 3-89600-702-5

ISBN 3-89600-703-3

2. Stufe (ab etwa 7 Jahren)

ISBN 3-89600-704-1

ISBN 3-89600-705-X

ISBN 3-89600-706-8

ISBN 3-89600-707-6

3. Stufe (ab etwa 8 Jahren)

ISBN 3-89600-708-4

ISBN 3-89600-709-2

ISBN 3-89600-710-6

ISBN 3-89600-711-4